THIS BOOK

BELONGS TO

• • • • • • • • • • • • • • • • •

COLOR TEST

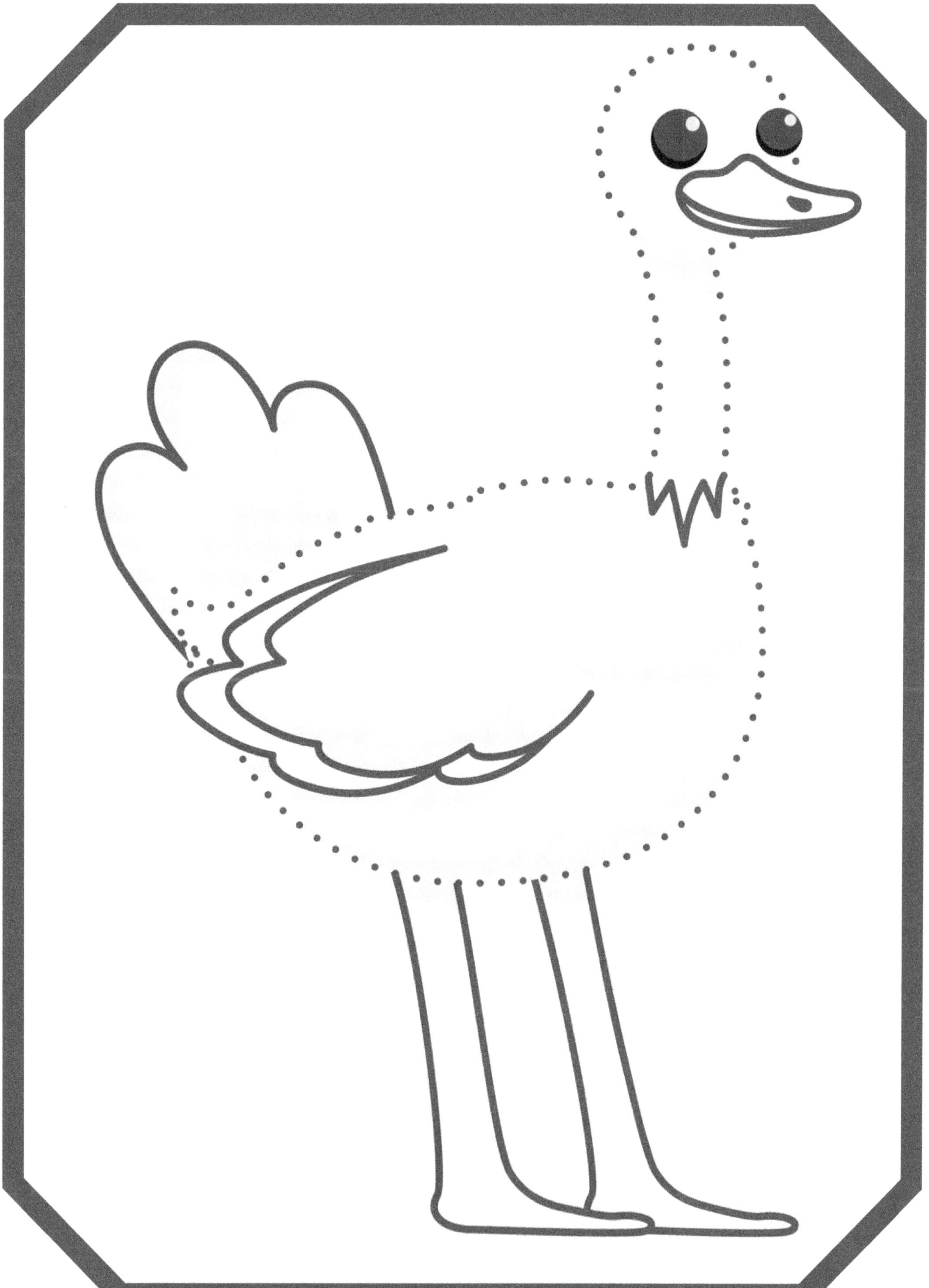

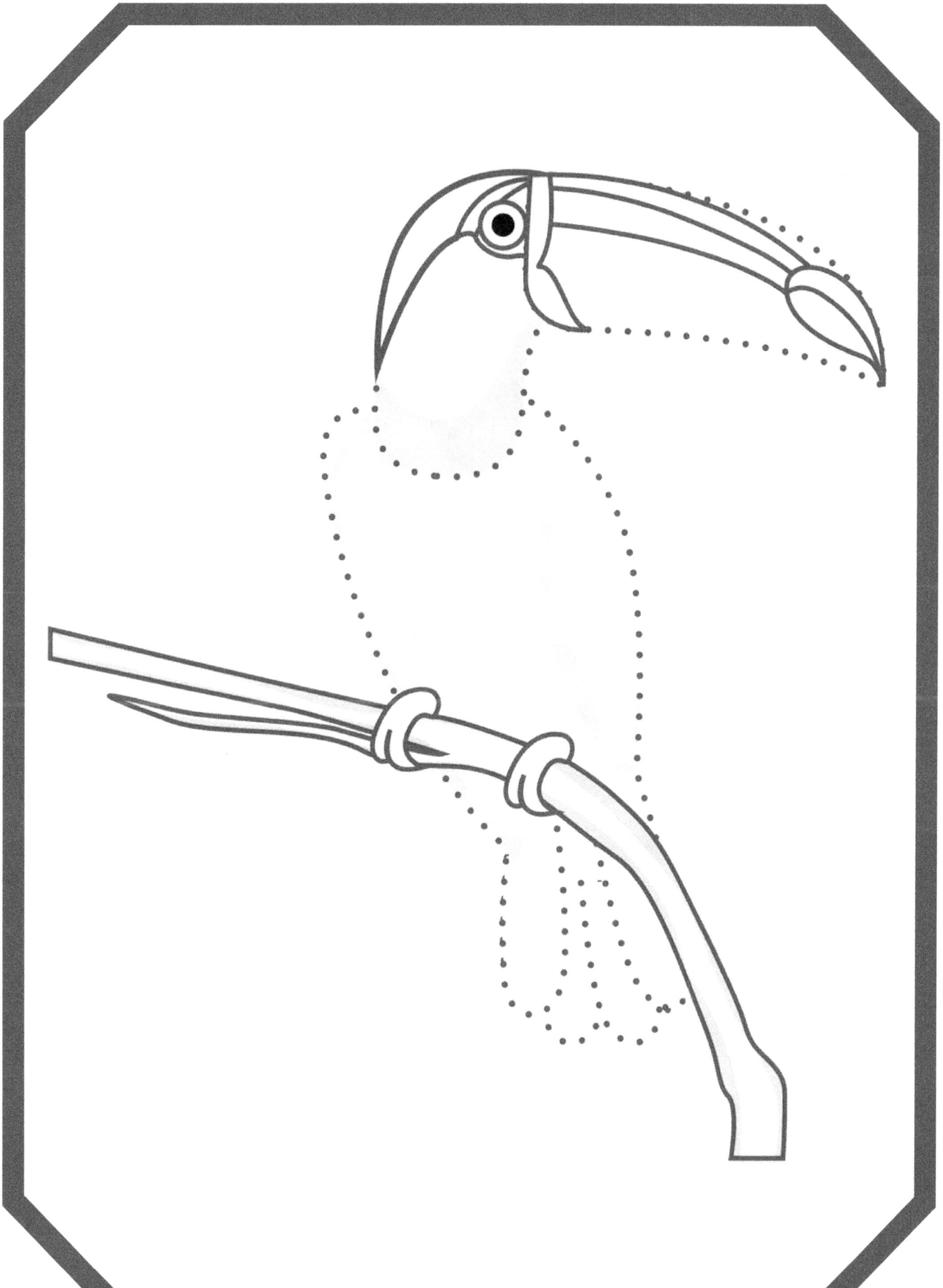

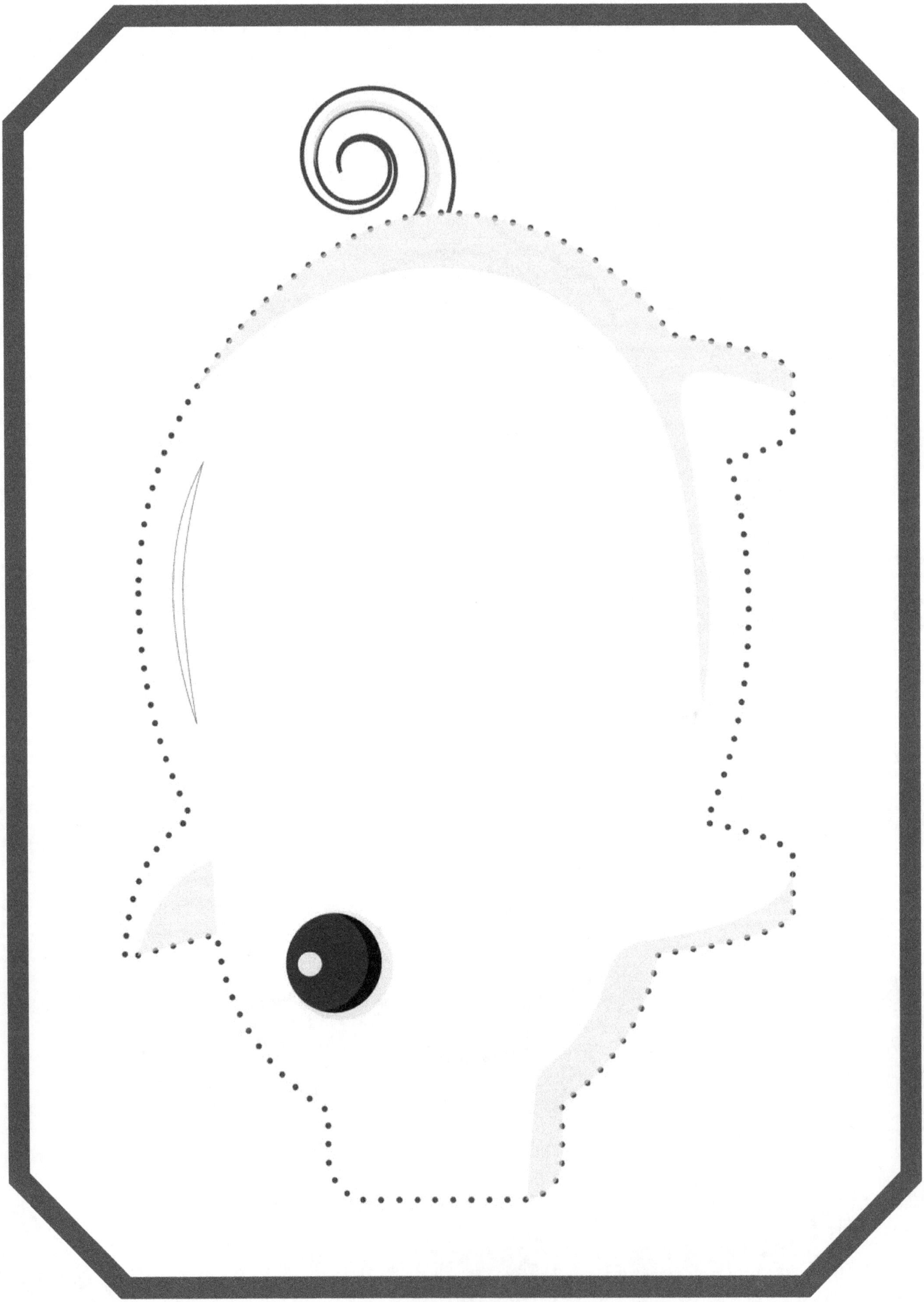

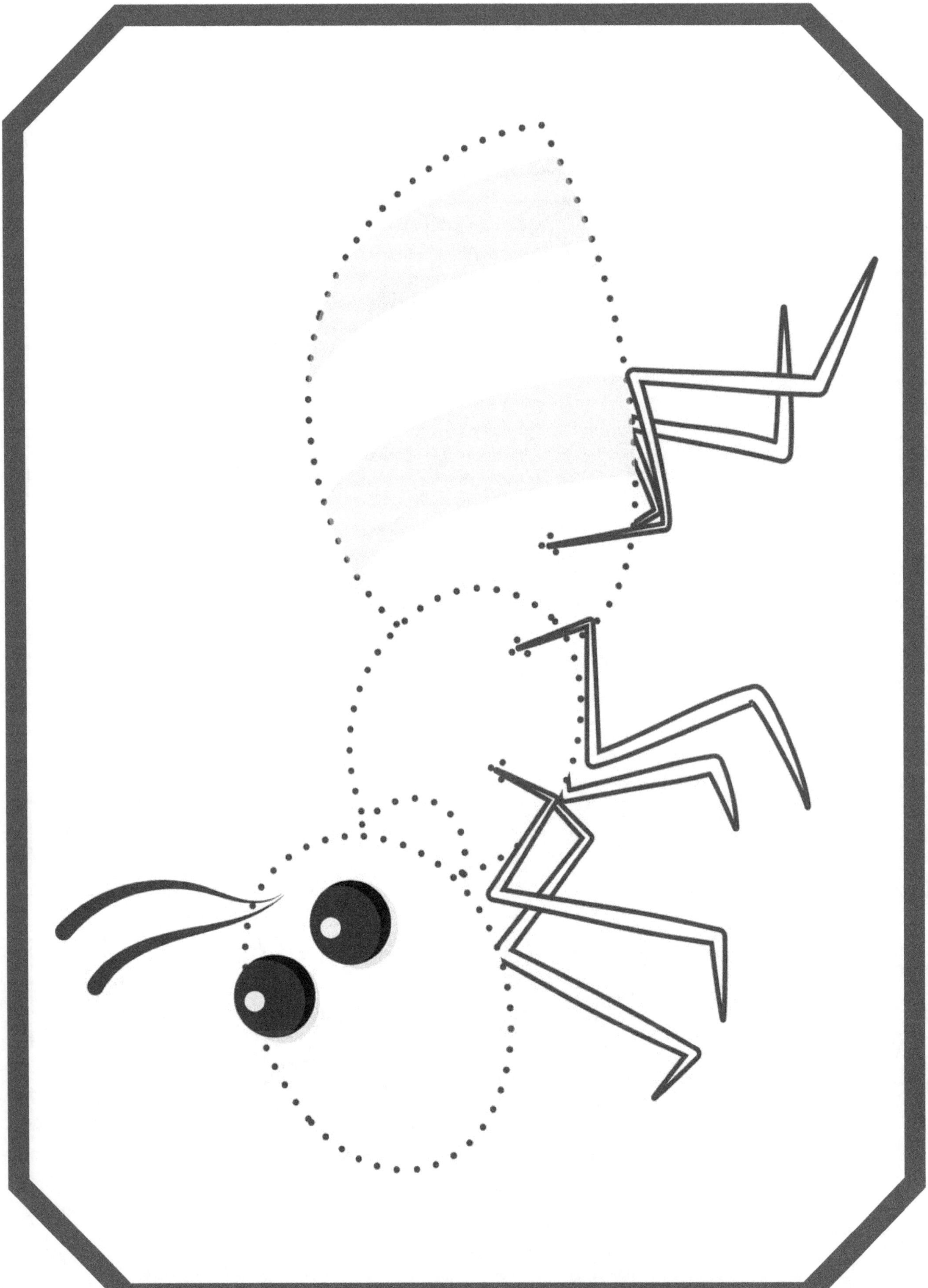

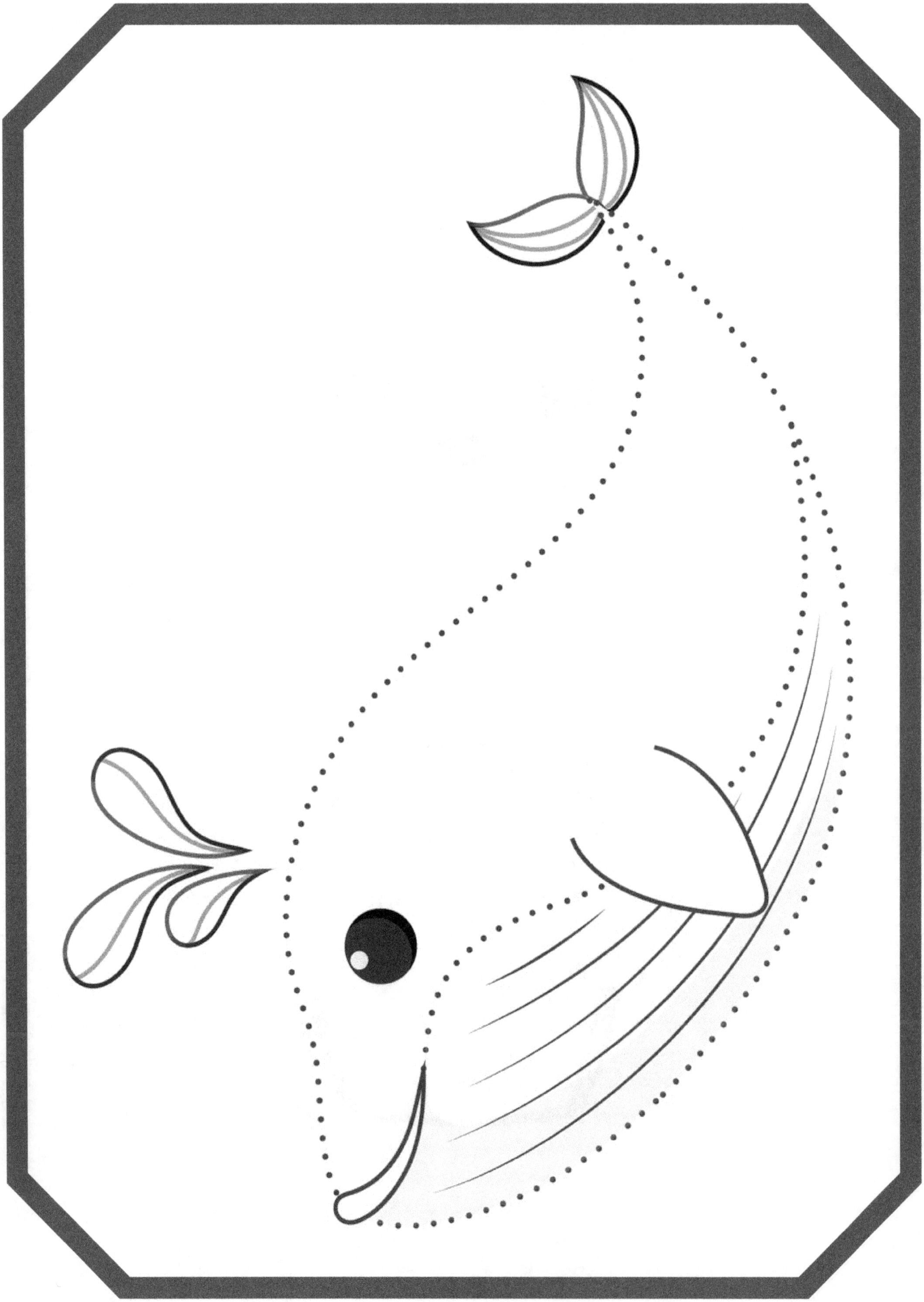

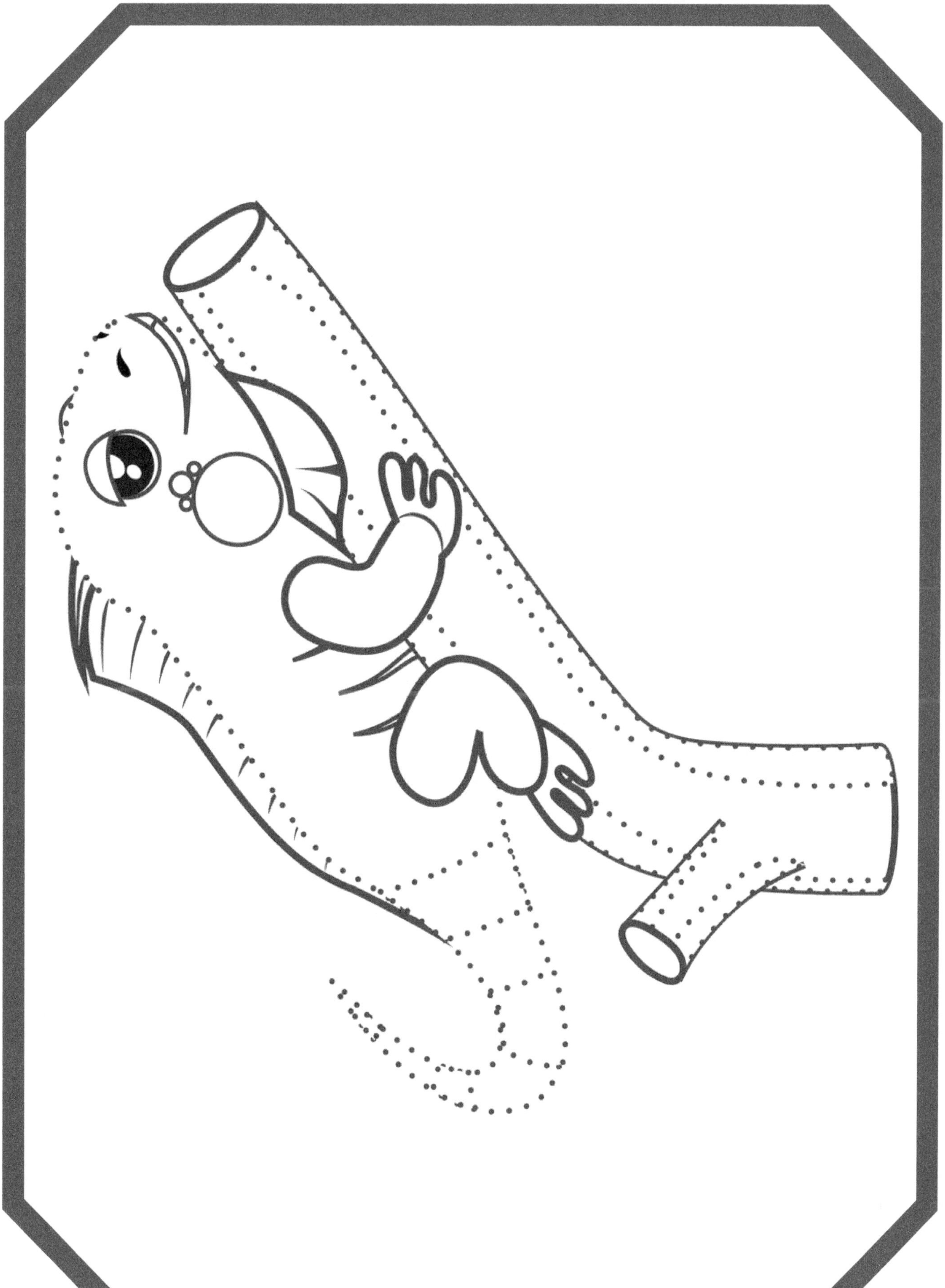

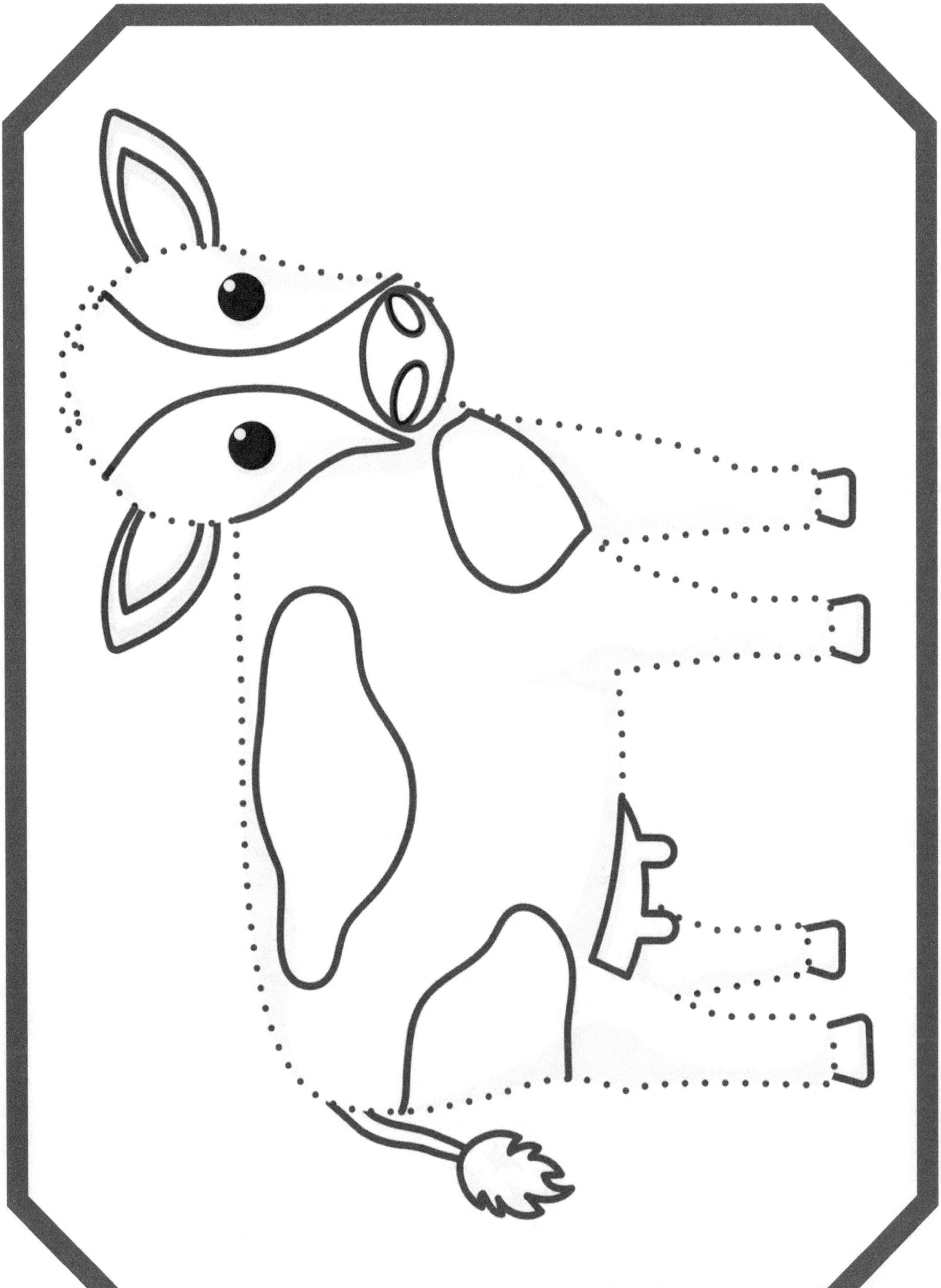

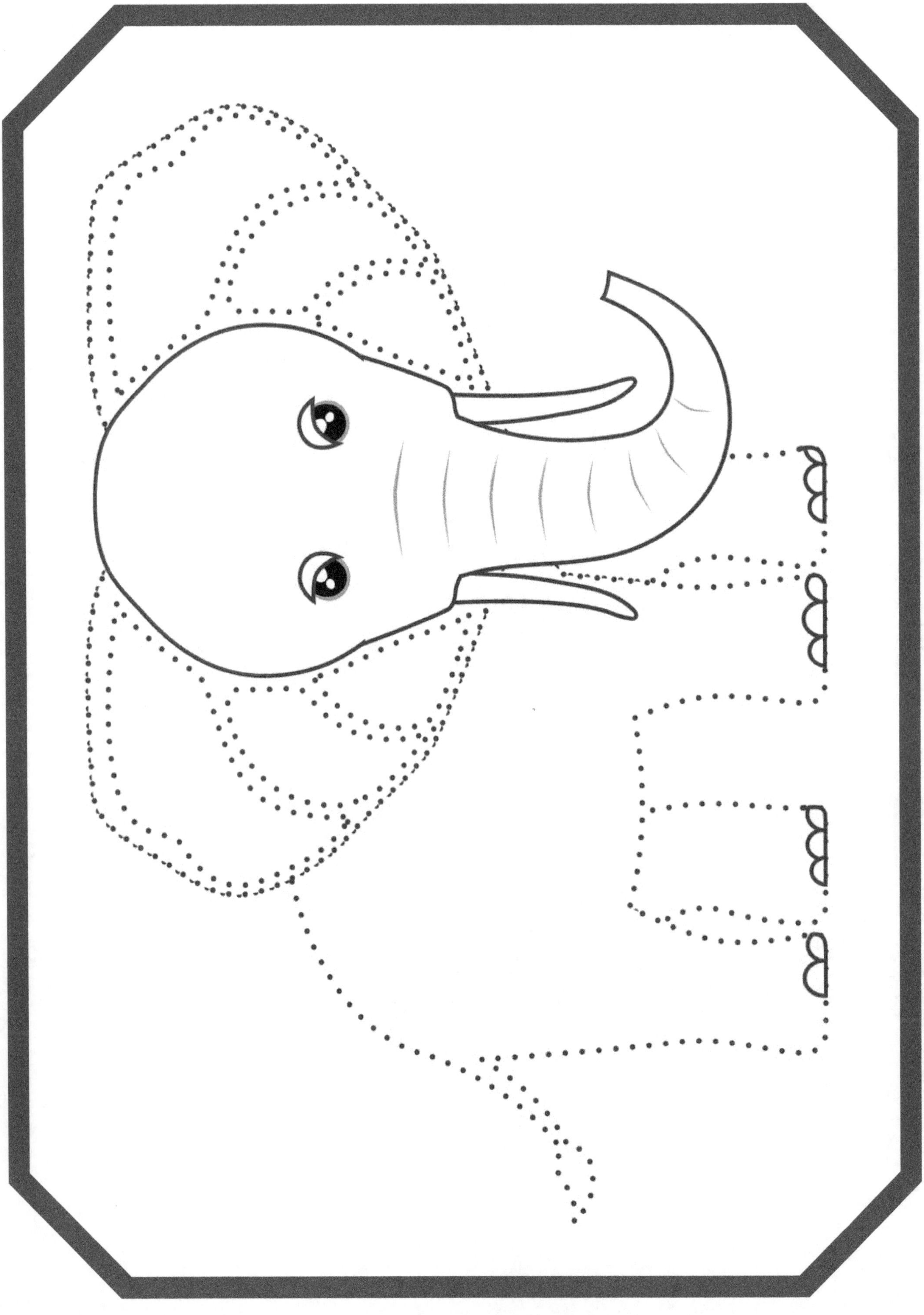

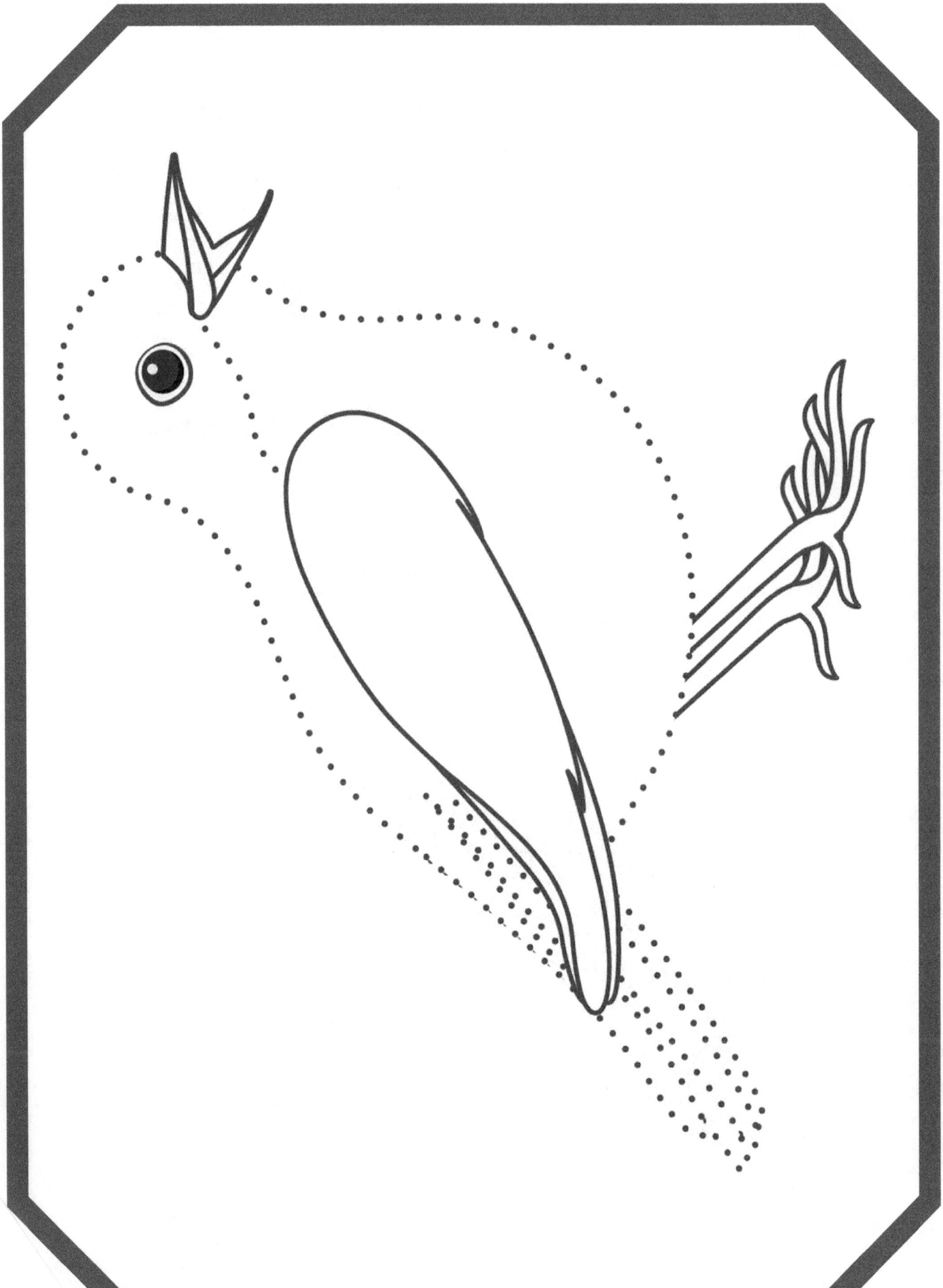

Printed in the USA
CPSIA information can be obtained
at www.ICGtesting.com
LVHW051707191124
797077LV00014B/1193
979874754873 2